KB082197

Wabi-Sabi

for Artists
Designers
Poets &
Philosophers

와비사비
WABI-SABI

2019년 2월 28일 초판 발행 · 2023년 1월 11일 2쇄 발행 · **지은이** 레너드 코렌 · **옮긴이** 박정훈
펴낸이 안미르 안마노 · **기획·진행·아트디렉션** 문지숙 · **편집** 서하나 · **디자인** 노성일 · **영업** 이선화
커뮤니케이션 김세영 · **제작** 한영문화사 · **종이** 백상지 260g/m², 그린라이트 100g/m²
글꼴 SM3태명조, SM3견출고딕, SM3중명조, Minion Pro, Univers LT Std

안그라픽스
주소 10881 경기도 파주시 회동길 125-15 · **전화** 031.955.7755 · **팩스** 031.955.7744
이메일 agbook@ag.co.kr · **웹사이트** www.agbook.co.kr · **등록번호** 제2-236(1975.7.7)

ISBN 978.89.7059.993.9 (03190)

레너드 코렌 쓰고
박정훈 옮기다

그저

여기에

와비사비

안그라픽스

한중일의 미적 감성, 와비사비

와비사비는 흔히 일본의 미적 감성이라 여겨졌지만
사실은 한국, 일본, 중국 등지에서 함께 탄생한 종합적인
사상이자 감성입니다. 솜씨 좋은 조선의 도공들이 훗날
확고하고 영구적인 와비사비스러운 것의 상징이 될
'미완성의 비영구적이고 불완전한' 막사발을 빚지 않았더라면
일본의 다인들은 찻잔으로 사용하지도 않았을 것입니다.
더불어 와비사비는 애초에 생겨나지 않았을지도 모릅니다.
그런 의미에서 이 책『와비사비』는 옮긴이 박정훈,
출판 코디네이터 폴린 김, 특히 안그라픽스 출판부의
꾸준한 관심과 노력이 없었더라면 나오지 못했을 것입니다.
모두에게 감사의 말씀을 전합니다.

2019년 1월
샌프란시스코에서
레너드 코렌

차례

와비사비는

불완전하고 비영속적이며
미완성된 것들의
아름다움이다.

소박하고 수수하며
관습에 매이지 않는 것들의
아름다움이다.

불완전한 아름다움

아름다움의 소멸

이 책 『와비사비』는 일본에서 대중화되어 있는 다회茶會를
경험한 일을 계기로 쓰게 되었다. 시즈오카현 누마즈에는
데시가하라 히로시勅使河原宏와 유명한 현대 건축가 세 사람이
설계한 다실이 있다. 데시가하라 히로시는 일본 전통 꽃꽂이
이케바나生け花의 유파 소게쓰류草月流[1]의 3대 계승자로
수장인 이에모토家元[2]를 맡고 있다. 그는 세 건축가에게
독자적 콘셉트로 다실 설계와 건축을 의뢰하면서 자신도
직접 정원을 조성했다. 나는 마침 그곳에서 다회가
열린다는 소식에 그 현장을 꼭 확인하고 싶었다.[3] 일본인의
와비사비わびさび 미학은 다도茶道와 오랜 관계를 맺어왔고
다도는 와비사비를 심도 있게 체험할 수 있는 확실한
통로이기 때문이다.

나는 도쿄 사무실에서 전철과 버스로 세 시간 넘게 달려
천황의 옛 여름 별장터가 있는 누마즈에 도착했다.
하지만 안타깝게도 그곳에서 발견한 것은 와비사비의
흔적은 찾아볼 수 없는 우아하고 호화로우면서 거창하기만
한 기념식이었다. 종이 재질로 만든 듯한 반드러운 오두막
다실은 냄새도 모양도 커다란 흰색 비닐 우산 같았다.
그 주위에는 유리, 철, 나무 등 고층건물 사무실에나
쓰일 법한 자재로 만든 다실도 있었다. 와비사비의 정취에
근접했으리라 기대했던 한 다실을 자세히 들여다보니
포스트모더니즘 느낌이 나는 불필요한 부속물들로
어수선했다. 한때 일본인의 가장 수준 높은 미적 문화로,
그리고 차 문화의 핵심으로 여겨지던 와비사비가
멸종위기종이 되어가고 있는, 아니 이미 되어버렸을지도
모른다는 생각이 불현듯 들었다.[4]

와비사비의 아름다움이 모든 이의 취향에 맞는 것은
아니다. 하지만 나는 와비사비가 완전히 소멸되지 않도록
하는 일에는 모두 관심이 있다고 믿는다. 문화의 생태학적
다양성은 가치 있는 현상이기 때문이다. 와비사비는

디지털 기기가 경험과 관찰의 매개체가 되고 모든 표현이
동일하게 기호화되며 모든 감각적 체험이 더욱 급속하게
획일화되는 추세와 대조를 이룬다.

하지만 일본에서는 유럽이나 미국과는 달리
물질문화가 거의 보존되지 않았다. 그래서 일본이 뒤늦게
아름다움의 영역을 소멸에서 구해내려고 하는 것은
특정 사물이나 건축물을 보존하는 데 그치지 않고, 섬세한
미적 이데올로기를 어떤 표현 양식으로든 존속하겠다는
의미이기도 하다. 본질을 잃어버린다면 와비사비는 단순한
형식이나 선전 문구로 너무 쉽게 변질될 수도 있으므로
와비사비의 본질을 지키는 일은 참으로 중대한 과제가 된다.

이상적 아름다움

1960년대 후반 청년시절을 보내며 동시대 사람들과
마찬가지로 나도 정신적인 것을 추구하다가 와비사비를
접하게 되었다. 당시 일본의 전통문화는 삶의 버거운 문제에
직면한 이들에게 심오한 '해답'으로 다가왔다. 와비사비는
인생의 온건함과 조화로움을 회복해주는 자연을 기반으로 한

미적 패러다임으로 보였다. 또한 창작 행위에 흔히 관여하는
실망스러운 물질주의에 빠지지 않고 어떻게 아름다운
것을 창조할 수 있는가 하는 나의 예술적 딜레마를
해소해주었다. 심오하고 다차원적이어서 규정하기 힘든
와비사비는 감상적이고 독창성이 희박한 형식미로
둔감해진 미국 사회의 감성에 완벽한 해독제로 보였다.
나는 와비사비가 비트beat, 펑크punk, 그런지grunge[5] 혹은
아직 이름 붙여지지 않은 다음 세대의 트렌드처럼
젊고 현대적이며 창조적인 영혼에서 샘솟는 더 확고한
반미학anti-aesthetics과 많은 연관이 있다고 믿었다.

돌아온 『차의 책』

나는 사상가이자 문인인 오카쿠라 가쿠조岡倉覚三가
1906년 출간한 불후의 명작 『차의 책The Book of Tea』에서
와비사비에 대한 글을 처음으로 접했다.[6] 『차의 책』은
일본어를 모국어로 삼지 않는 독자를 위해 영어로 쓰였다.
오카쿠라는 이 책에서 와비사비의 다양한 양상을
언급했음에도 '와비사비'란 단어를 사용하지 않으려 했다.

그는 미학적이고 문화적인 견해를 논의하는 데
절대적으로 필요하지 않은 와비사비라는 일본어 때문에
오히려 독자들이 혼동하지 않을까 우려했던 것이다.
그가 와비사비를 명확히 언급하지 않은 또 다른 이유는
와비사비가 일본 지식인 사이에서도 논란이 되는 민감한
개념이라는 이유도 있을 것이다.

　　그러나 이 책이 나온 지 약 100년이 지난 뒤
'와비사비'라는 표현은 다도나 일본의 여타 난해한 것들을
논하는 거의 모든 책과 잡지에 관습적으로 등장하게 되었다.
그런데 아주 이상하게도 이런 출판물에서 와비사비를
묘사할 때 사용하는 문장들은 이 책의 서두에 등장하는
구절처럼 항상 똑같다. 또한 이 표현은 일본의 전통예술을
신봉하는 일부 사람들의 까탈스러운 애호가 기질을
깎아내리기 위해 국내외 비평가들이 조소적으로 사용하는
상투어이기도 하다.

　　어쩌면 지금이야말로 보편적인 정의를 뛰어넘어 흐릿한
심연 속으로 좀 더 깊숙이 들어갈 만한 문화적 적기일지도
모른다. 이런 생각으로 나는 변색되고 파편화되고

파손되었을지 모르는 와비사비의 다양한 조각을 찾아내
하나의 의미체계로 모으려는 시도를 해오고 있다.

나는 와비사비의 정통파 평론가, 역사가 그리고 문화계의
권위자 들과도 견줄 수 있을 만큼 와비사비를 탐구해왔으며
오히려 이를 통해 몇 걸음 더 앞으로 나아갈 수 있었다.
행간을 읽고 실제 의도에 맞춰가면서 와비사비의
온전하고 전체적인 모습을 파악하고 이해하려 노력했다.[7]
그 성과가 이 얇은 책『와비사비』에 담겨 있다.

이 책은 한때 종합적이고 명확한 미적 세계를 구성했던
와비사비의 요소들을 '보존'하기 위한, 시험적이고도
개인적인 첫 발자국이다.

불명료화의 역사

일본인에게 와비사비에 대해 질문하면 대부분 손사래를
치고 주저하며 이를 설명하기가 얼마나 어려운지 변명하는
투로 답할 것이다. 그럼에도 거의 모든 일본인은 와비사비의
감성이 무엇인지 알고 있다고 주장할 것이다. 하지만
역시 일본문화의 핵심 개념 중 하나인 와비사비의 감성을
명확히 설명할 수 있는 사람은 거의 없다.

　　　이유가 뭘까? 일본의 일부 광신적 애국주의자들이
말하듯 유전적 소인 때문일까? 아닐 것이다. 일본어
혹은 일본어의 관습적 쓰임새가 감정의 미묘함과 애매함,
그리고 마음의 논리를 전달하기에는 적합해도 합리적인
방식으로 무언가를 설명하는 데는 적절하지 않기
때문일까? 어떤 면에서는 그럴지도 모른다. 하지만 주된
이유는 일본인 대부분이 와비사비에 대해 지적인 표현으로

배운 적이 없다는 데 있을 것이다. 그들에게 와비사비에
대해 알려주는 책이나 가르쳐주는 스승은 존재하지 않았다.

이는 우연이 아니다. 역사는 대중이 와비사비를
이성적으로 이해하지 못하도록 의도적으로 막아왔기
때문이다.

선불교

와비사비는 하나의 명확한 미적 양식으로 도입되면서
지엽적으로 선불교와 관련을 맺어왔다. 선禪의 중심에 있는
정신적이고 철학적인 교의教義의 전형적인 여러 면모를
와비사비가 보여주었으므로 다양한 의미에서 '사물의
선'이라고도 부를 수 있었다.[8] 일본에서 처음으로 와비사비를
체험한 다도 스승, 승려, 수도승 등은 모두 선을 수행했고
선의 정신에 깊이 빠져들었다.

선의 주요 테마 가운데 하나는 단호한 반합리주의다.
중요한 지식은 글이나 말이 아닌 마음에서 마음으로만
전달된다는 것이 선의 교의다.[9] "아는 자는 말하지 않고,
말하는 자는 알지 못한다."[10] 이 계율은 실용주의적 입장에서

개념을 잘못 해석하는 일을 줄이기 위해 고안되었다.
하지만 이는 와비사비를 명확하게 설명하고 정의하는 일을
사실상 외면하는 결과를 가져왔다.

이에모토 시스템

18세기 이후 일본에서 다도, 꽃꽂이, 서예, 노래와 춤 등
'예술'에 대한 문화적 정보를 체계화하고 상품화하는 일은
가업의 형태로 이를 이어가는 집단에서 주로 독점해왔다.
각 집단에서 가장 높은 위치에 있는 사람을 이에모토라고
한다.[11] 주요 교본, 공예품 그리고 학술연구에 필요한
여타 자료들은 선불교와 마찬가지로 이에모토가 선출한
이들끼리만 공유했고, 보통 이에모토의 가족 구성원끼리만
가업의 핵심 정보를 통제했다. 이에모토가 독점한 지적
재산의 근간, 즉 와비사비의 개념은 특히 다도의 세계에서
금전이나 어떤 행위로 보답하지 않는 한 누구에게도
상세히 설명해주거나 증여하지 않았다. 와비사비처럼
교묘하게 감춰진 '매혹적인' 개념은 상술에 적합한
미끼이기도 했다. 와비사비의 의미를 모호하게 만들면서

그 가치를 언뜻 내비쳐 소비자를 애타게 만드는 것이야말로
가장 효율적인 이에모토식 사업 수단이었다.

미적 몽매주의

와비사비에 대해 밝혀진 가장 흥미로운 사실은 그 미적
근거들에 해석 불가능하다는 신화가 조성되어 있다는
것이다. 와비사비는 언어로 표현하기 어렵다는 그 특별함
때문에 일본의 일부 평론가는 신비롭고 규정하기 어려운
그 특성을 유지해야 한다고 생각한다. 그들은 와비사비가
완전히 실현될 수 없는 하나의 목적론적 지표, 즉 그 자체가
목적이라고 믿는다. 이런 관점에서 보면 누락되거나 정의할
수 없는 지식이야말로 와비사비에 내재된 '불완전성'의
한 측면이라 할 수 있다. 관념적으로 명확하거나 명료한
것은 와비사비의 본질적인 양상이 아니기 때문에 이 개념을
완벽하게 설명한다면 결과적으로 와비사비는 약화될 것이다.
　　어떤 면에서는 비평가들의 이런 견해가 옳을지도
모른다. 미학의 영역에서 이성은 대개 지각에 종속되었다.
전통적으로 일본도日本刀 장인과 애호가 들도 아우라에

둘러싸인 칼날의 '혼'을 가장 모호하고 신비주의적인
언어로만 이야기해왔다. 하지만 오늘날의 젊은 일본도
제작자들은 연구를 거쳐 용광로의 정확한 온도와 금속
및 화학적 혼합물 그리고 유연성, 강도, 경도硬度 등 칼날의
'본성' 혹은 '혼'이 실제로 만들어지는 순간을 상당히
실증적으로 취급한다. 이같이 새롭지만 너무 있는 그대로
밝혀진 실상 때문에 상상의 영역에 남겨두기 좋을 만한
낭만적 요소가 없어질 수도 있다. 그러나 미적인 것을
창조하는 능력을 보존할 수 있다면 다음 세대를 위해
어느 정도 이정표를 남겨두어도 좋을 것이다.

잠정적 정의

와비사비는 우리가 일본의 전통적인 아름다움이라고
여기는 것을 가장 뚜렷하고 독특하게 드러낸다. 그리스의
이상적 아름다움과 완전함이 서구에서 차지하는 지위처럼
와비사비도 일본의 미의 신전에서는 그와 거의 같은 위치에
있다.[12] 과장해서 표현하자면 와비사비는 삶의 방식이고
축소해 말하자면 와비사비는 특별한 유형의 아름다움이다.

영어에서 와비사비와 뜻이 가장 비슷한 단어는
'소박한' '투박한'이라는 의미의 'rustic'일 것이다.[13]
『웹스터 사전Webster's Dictionary』에서 rustic은 "거칠고
고르지 않은 외관을 지닌, 간단한, 꾸밈없는, 세련되지
못한, 복잡하지 않은"으로 풀이된다. rustic은 한정된
차원에서 와비사비의 미학을 대변하기는 하지만, 사람들이
와비사비라는 표현을 처음 접했을 때 받는 인상은 바로

이 'rustic'이다. 와비사비는 우리가 흔히 '원시 예술'이라
부르는 것, 즉 소박하고 간결하고 검소하고 자연 소재로
만들어진 사물들과 어느 정도 그 특성을 공유한다.
하지만 원시 예술처럼 구상적으로나 상징적으로 사용되는
경우는 거의 없다.

본래 와비わび, 侘와 사비さび, 寂라는 일본어는 상당히
다른 의미를 지녔다. 와비는 세상과 동떨어져 자연 속에서
홀로 지내는 참담함과 낙담하고 허탈한 마음 그리고
생기 없는 감정의 상태를 뜻했고 사비는 원래 '쌀쌀한'
'수척한' '메마른' 등을 뜻했다.

14세기 무렵부터 두 단어의 의미는 더 긍정적인
미적 가치의 방향으로 진화하기 시작했다. 은자隱者와
도인의 자발적 고립과 금욕은 영혼을 풍요롭게 하는 기회로
여겨졌다. 이상적 취향을 가진 이들의 이러한 삶의 방식은
그리 중요할 것 없는 일상의 세세한 것들에 감사하는 마음과
눈에 잘 띄지 않는 존재들의 아름다움 그리고 모른 채
지나치는 자연의 면모를 보는 통찰력을 길러주었다.
결국 별 매력이 없던 소박함이 새롭고 순수한 아름다움의

기반이 되어 새로운 의미를 지니게 되었다.

몇 세기가 지나는 사이 와비와 사비의 의미는 둘 다
많이 바뀌어 오늘날은 그 두 단어를 구분 짓는 선이 실제로
아주 흐려졌다. 현대 일본인은 와비를 말할 때 사비를,
사비를 말할 때 와비를 떠올린다. 이 책에서도 습관적으로
사용했지만, 사람들은 대부분 이 두 단어를 단순히
'와비사비'라고 붙여 쓴다. 하지만 와비와 사비를 서로 다른
개념으로 인식한다면 우리는 그 둘의 특성을 다음과 같이
나눌 수 있을 것이다.

와비 わび	사비 さび
삶의 방식, 정신적 경로	물질적 대상, 예술과 문학
내면성 / 주관성	외향성 / 객관성
철학적 사고	미적 이상
공간적 사건	시간적 사건

모더니즘과 와비사비

와비사비를 더 잘 이해하기 위해서는 20세기 중반부터 후반까지 국제 산업사회의 지배적인 미의식이었던 '모더니즘'과 비교하고 대조해보면 도움이 될 것이다. 예술과 디자인에서 모더니즘은 역사는 물론 사고방식 및 철학 전반을 관통하므로 이 용어 또한 제대로 파악하기 어렵다. 여기에서는 뉴욕 현대미술관MoMA에 영구 소장된 작품 대부분에 구현된 '중기' 모더니즘에 대해 서술하려고 한다. 중기 모더니즘에는 제2차 세계대전 이후부터 생산된 깔끔하고 미니멀리즘적인 가전제품, 기계, 자동차, 도구 대부분이 포함된다. 또한 여기에는 뉴욕 현대미술관 건물을 비롯해 콘크리트와 철강, 유리로 만든 박스 형태의 건축물도 포함된다.

유사점

모더니즘과 와비사비

모더니즘과 와비사비 모두 인공적 오브제, 공간, 디자인에
적용된다.

해당 시기의 지배적이었던 감성에 대한 강한 반작용이다.
모더니즘은 19세기 고전주의와 절충주의에서 탈피하는
급진적 변화였다. 와비사비 또한 16세기 이전의
완벽하고 화려한 중국 양식에서 완전히 벗어난 것이었다.

구조에 불필요한 모든 장식을 배재한다.

추상적 즉 비구상적 아름다움의 이상이다.

쉽게 알아볼 수 있는 표면적 특징이 있다.
모더니즘은 매끈하고 윤이 나며 부드럽다.
와비사비는 질박 質樸하고 불완전하며 얼룩덜룩하다.

차이점[14]

모더니즘	와비사비
주로 공적 영역에서 나타난다	주로 사적 영역에서 나타난다
논리적, 이성적 세계관을 시사	직관적 세계관을 시사
절대적	상대적
보편적이고 전형적인 해법 추구	개인적이고 색다른 해법 추구
규격화된 대량생산	독특하고 가변적
진보에 대한 신념 표현	진보는 없다
미래지향적	현재지향적

모더니즘	와비사비
자연을 통제할 수 있다고 확신	자연은 근본적으로 통제할 수 없다고 확신
기술 이상화 사람이 기계에 적응	자연 이상화 사람이 자연에 순응
기하학적 형태 구성 예리하고 정밀하며 뚜렷한 형상과 윤곽	유기적 형태 구성 부드럽고 모호한 형상과 윤곽
상자형 직선 형태이고 정밀하며 사방이 막혀 있다	사발형 자유로운 형태이고 윗부분이 열려 있다
인공 재료	천연 재료
매끈한 표면	가공되지 않은 표면
철저한 관리 필요	성능 저하 및 소모에 순응

모더니즘	와비사비
순수성이 모더니즘을 더욱 풍부하게 표현	부식과 오염이 와비사비를 더욱 풍부하게 표현
감각 정보의 축소 요청	감각 정보의 확대 요청
애매함과 모순에 비관용적	애매함과 모순을 편하게 수용
차가움	따뜻함
전반적으로 가볍고 밝음	전반적으로 어둡고 흐릿하다
기능과 유용성이 최고의 가치	기능과 유용성은 중요하지 않다
완벽한 물질성을 이상으로 삼는다	완벽한 비물질성을 이상으로 삼는다
영원히 변치 않는다	모든 것에는 때가 있다

역사적 배경

센노 리큐 이전

초기의 와비사비가 지닌 형이상학적이고 정신적이며
도덕적인 원리는 도교와 선불교에서 발견되는 소박함과
자연스러움 그리고 현실을 수용하는 태도에서 영감을
받은 것이다. 와비사비의 심적 상태와 물성에 대한 감각은
모두 9-10세기 중국의 시와 수묵화에서 느낄 수 있는
적막함과 우수, 미니멀리즘적 표현에서 유래한다.
그러나 16세기 후반 무렵 이런 별개의 요소들이 일본풍의
와비사비로 현저히 통합되었다. 와비사비는 정교한 문화와
취향과 관련된 거의 모든 영역에 빠르게 스며들었지만,
그 중에서도 다도의 맥락 안에서 가장 포괄적으로
실현되었다. 차도, 사도, 차노유茶の湯 등으로 다양하게
불리며 발전해온 다도[15]는 무엇보다도 건축 기술과

인테리어 및 정원 디자인, 이케바나, 회화, 요리, 공연이
다방면으로 결합해 사교적 예술 형태가 되었다. 다도의
명인은 이런 모든 요소를 참석자와 조율해 주제별로
일관성 있게 고요하고 흥미진진한 예술 행사로 만들어낼 수
있는 사람이었다.[16] 이 행사의 예술적 정점에서 와비사비의
세계를 최대한 구체화하는 것이 다도의 근본 목표였다.

　　다도의 한 양식인 와비차わび茶의 명인으로 처음
기록된 사람은 무로마치 시대室町時代의 나라奈良 출신 승려
무라타 주코村田珠光, 1423-1502였다. 그가 활동하던 시기의
세속 사회에서 차는 엘리트 계층이 탐닉한 여가활동이었다.
중국에서 들어온 품격 높은 다구茶具를 소유하는 것이
그들 계층의 위신과 상당 부분 결부되었기 때문이다.[17]
이런 시류와는 다르게 무라타 주코는 의도적으로 현지의
절제미가 느껴지는 다기를 사용했고 이는 다도에서
와비사비 미학의 효시가 되었다.

센노 리큐

무라타 주코의 혁신珠光の革新[18] 이후 약 100년이 지나
와비사비는 센노 리큐千利休, 1522-1591[19]로 절정기를 맞는다.
상인의 아들이었던 리큐는 열일곱 살 때부터 차에 대한
관심을 키워나갔다.[20] 차의 명인으로 리큐가 주도한 첫 번째
다회는 무장武將이자 다이묘大名였던 오다 노부나가織田信長를
위한 것이었다.

　　1582년 노부나가가 암살된 뒤 리큐는 노부나가의
계승자이자 재기 넘치는 기인이었던 도요토미 히데요시
豊臣秀吉의 아래에서 일하게 된다. '리큐시치테쓰利休十哲'에
속하는 아홉 명의 수제자와 함께 히데요시를 위해
다구를 구하고 감정했으며 공식적인 자리에서 차와 다구를
사용하는 복잡한 예법을 설명하기도 했다. 전쟁이 빈번하던
센고쿠 시대戰國時代가 지속되었지만, 16세기 후반은
예술 분야에서 위대한 창조의 시대였다. 다도는 다구,
건축 공간 그리고 의례 자체에 대한 상당한 실험이
행해졌다. 리큐는 바로 이런 문화적 흐름 한가운데에서
가장 확고한 미적 업적을 세웠다.[21]

그는 일본과 조선의 이름 없는 장인이 만든 투박하고
토착적인 민예품 즉 와비사비한 것들을 중국에서 온 완벽한
보물들과 동급으로, 아니 그보다 더 높은 예술적 지위로
확고히 격상시켰다. 또한 거친 질감의 황토벽, 초가지붕,
볼품없이 드러난 목재 구조로 이루어진 농촌의 오두막을
원형 삼아 새로운 종류의 다실을 만들었다.[22] 그리고 그는
그 다실을 한 평 남짓한 좁은 공간으로까지 축소해 다다미
두 장만 깔기에 이른다.[23]

간소하고 질박한 자연의 가치를 지향하는 리큐의
이런 변화는 불행하게도 고용주인 도요토미 히데요시에게
제대로 인정받지 못했다. 소작농 집안 출신이었던
히데요시는 소위 추하고 이름없는 것들에 대한 리큐의
취향을 의심스러워했다. 히데요시의 미적 이상이 금박을
입힌 다실처럼 중국식 화려함을 최대한 표현하는 데
있었기 때문이다.

리큐는 냉소적인 심정으로 황제에게 새 옷을 바쳤던
것일까?[24] 리큐의 미적 도발로 그들 관계에는 균열이 생겼다.
무엇보다 리큐의 높아지는 평판에 대한 히데요시의

질투, 리큐의 무엄한 정치적 행동과 다구 판매로 얻은
부당 이득 때문에 분노에 휩싸인 히데요시는 끝내 일흔의
리큐에게 할복을 명한다.[25]

센노 리큐 이후

리큐가 할복한 뒤 다도 종파들의 최대 관심사는 (예수나
마호메트의 사상을 정확히 해석한다고 주장하는 종교적
근본주의자들과 다르지 않게) 리큐의 진정한 가르침을
직접 계승했다고 주장하며 정통성을 확립하는 것이었다.[26]
이 과정에서 차에 대해 그들 나름대로 판단하거나
상상력이 발휘되는 일은 매우 드물었다. 다회에서 필요한
세세한 손동작도 엄격히 규정하고 리큐의 시대 이후로는
바꿀 수 없다고 생각했다. (리큐가 이미 다구를 사용할 때
드는 에너지 소모와 동작의 낭비를 최소화할 수 있는
합리적 방법에 이르렀다는 것이 논리적 근거다.)

리큐 사망 뒤 약 100년이 지나 차의 '예술'은
차의 '도道', 즉 표면적으로는 종교적이고 정신적인 수련의
형태로 전환되었다. 이런 전환기에 차의 '정신적' 핵심인

와비사비는 규칙과 어록의 결정판으로 단순하게 축소되고 포장되었다. 와비사비는 그 본질과는 정반대로 매끈하고 세련되며 멋진 것이 되어가고 있었다.

긍정적인 측면에서 보자면, 이런 역사를 계승해 제도화된 다도 유파들은 전통적 형식의 일관성을 유지하는 살아 있는 박물관이라고 할 수 있다. (결국 반복이 전통의 본질이다.) 다도 유파들이 없었다면 현재 남아 있는 와비사비조차도 일본의 광적인 서구식 현대화에 더 빨리 쇠퇴했을 것이다. 게다가 형식화된 다도 연습에는 명상 수련으로서 가치가 여전히 남아 있다. 생각하지 않고 형식을 기계적으로 반복하면 예술적이든 아니든 판단할 필요 없이 그저 지금, 바로 이 장소에 집중하게 된다.[27]

하지만 와비사비처럼 들리고 와비사비처럼 보이는 것이 적합한 말과 양식화된 형식들로 여전히 거론된다 하더라도 와비사비는 더 이상 사상적으로나 정신적으로나 다도의 진정한 핵심이 아니다. 와비사비가 있던 자리에는 다도 유파들이 중시하는 '세계 평화'와 '사람들 사이의 깊은 소통'이 들어서 있다.[28] 진정한 와비사비가 오랫동안

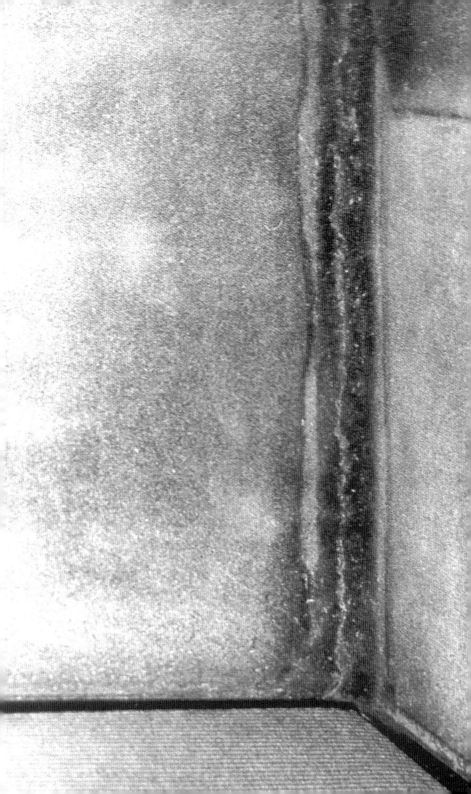

부재했기 때문에 이에 대한 반작용으로 진보적인 정통파
몇몇은 와비사비와 다도의 관계에 새로운 활기를
불어넣고자 동시대 아티스트와 디자이너 들의 참여를
요청하기도 했다.[29] 새로운 와비사비의 철학적 근거는
첫 만남이 곧 마지막 만남이라는 '일기일회一期一会'[30]다.
이는 선불교의 옛 격언을 리큐가 달리 표현한 것으로,
바로 이 순간 발생하는 모든 것에 최대한 관심을 기울여
지금, 여기에 온전히 머물러야 한다는 뜻이다. 도덕적이고
정신적인 이 특별한 일탈이 다도를 더욱 와비사비적인
방향으로 인도해줄지 그 성과는 지켜봐야 한다.[31]

와비사비는
종합 미적 체계라 할 수 있다.

와비사비의 우주관
즉 와비사비의 우주는
자기지시적이다.

이는
존재의 궁극적 본질(형이상학)
신성한 지식(정신성)
정서적 평안(마음의 상태)
행위(도덕성) 그리고
사물의 형태와 기능(물질성)에 대한
통합적 접근방법을 제시한다.[32]

미적 체계의 구성 요소들을
더 체계화하고
분명하게 규정할수록
그 체계는 더욱 유용해진다.

개념적 도구가 많을수록
근본 원리를 참조할 방법 또한
많아지는 것이다.

와비사비의 우주

형이상학적 원리

사물은 무無에서 생겨나 무로 돌아간다.

정신적 가치

진리는 자연을 바라보는 데에서 비롯된다.
위대함은 우리가 주목하지 않고 지나치는 작은 것에 존재한다.
아름다움은 추함에서 이끌어낼 수 있다.

마음의 상태

불가피한 것을 수용한다.
우주적 질서에 감응한다.

도덕적 계율

불필요한 것은 모두 배제한다.

본질에 집중하고 물질적 상하관계를 무심히 대한다.

물질적 특성

자연스러운 과정을 암시한다.

비정형이다.

친밀하다.

꾸밈없다.

소박하다.

모호하다.

단순하다.

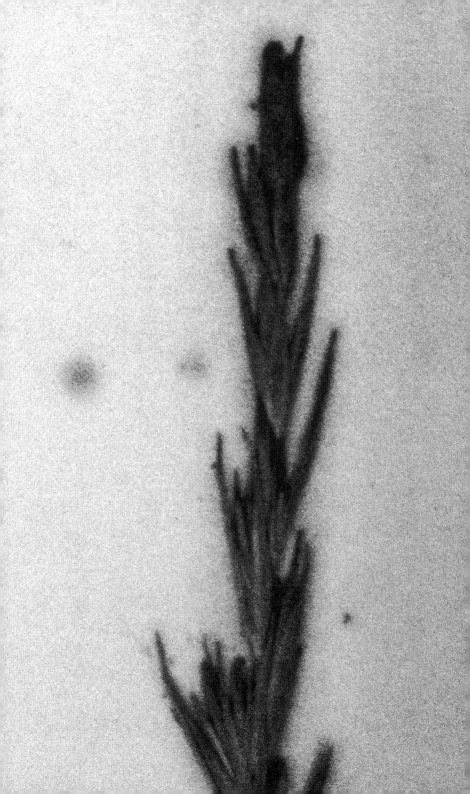

형이상학적 원리

우주는 어떤 상태인가

만물은 무에서 생겨나 무로 돌아간다

황혼이 지상에 내려앉으면 나그네는 오늘밤 어디에서
묵어야 할지 염려한다. 그는 벌판에 자라나 있는 길쭉한
골풀을 발견하고 풀을 한아름 꾸려 위쪽을 한데 묶는다.
그러자 바로 오두막 하나가 완성된다. 다음날 아침
또 다른 여행길에 오르기 앞서 나그네는 매듭을 풀어
오두막을 해체한다. 오두막은 거의 흔적도 없이 사라져
다시 넓은 들판의 일부가 된다. 골풀은 다시 원래 상태로
돌아간 듯 보이지만 오두막의 흔적은 미미하게나마
남아 있다. 살짝 비틀어지거나 구부러진 골풀이 여기저기
흩어져 있다. 오두막의 기억은 나그네의 마음속에도,
이 구절을 읽은 우리의 마음속에도 남아 있다. 가장
순수하고 가장 이상적인 형태의 와비사비는 무의 경계에

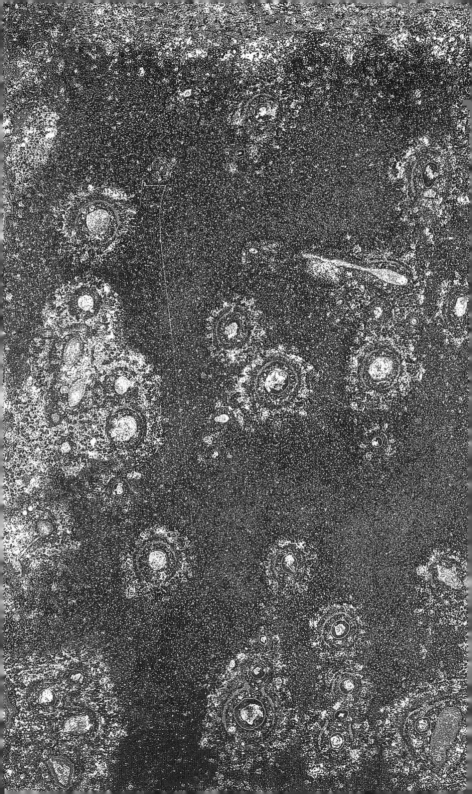

있는 바로 이 여린 자국, 희미한 흔적에 대한 것이다.[33]

우주는 소멸하는 한편 생성하기도 한다. 새로운
것이 무로부터 생겨난다. 하지만 피상적인 관찰로 우리는
어떤 것이 생성하는 양태樣態인지 혹은 소멸하는 양태인지
진정으로 구별할 수 없다. 만약 우리가 그 차이를 몰랐다면
작고 주름지고 등이 굽어 조금은 그로테스크하게 보이는
갓난아기를 죽음을 앞둔 노인으로 오인했을 수도 있다.
와비사비의 표상을 보면, 어쩌면 자의적 해석이겠지만
소멸의 역학은 일반적으로 좀 더 어둡고 모호하고 조용한
사물에서 드러나는 경향이 있다. 생성하는 것들은 좀 더
가볍고 밝고 맑으며 한층 더 눈길을 끈다. 그리고 무 자체는
서구처럼 빈 공간으로 인식되지 않고 가능성을 품고
살아 있는 것이 된다. 형이상학적으로 말하면 와비사비는
우주가 잠재적 가능성을 향해 혹은 그로부터 벗어나는
방향으로 끊임없이 움직이고 있음을 우리에게 일러준다.

정신적 가치

우주의 가르침은 무엇인가

진리는 자연을 바라보는 데에서 비롯된다[34]

일본인은 가능한 기술적 한도 내에서 최선을 다해 자연을
제어하려 애써왔다. 그럼에도 날씨에는 속수무책이었다.
덥고 습한 여름과 춥고 메마른 겨울, 모든 것이 미세한
물안개에 에워싸이는 약 두 달 동안의 초여름 장마철을
제외하고는 연평균 사흘에 하루 꼴로 비가 내린다.
그리고 주기적으로 혹은 예고도 없이 열도를 덮치는 지진,
화산 폭발, 태풍, 홍수, 화재, 해일에도 손쓸 방법이
거의 없다. 일본인은 자연을 신뢰하지 않았지만, 그럼에도
그로부터 가르침을 얻었다. (여기에 도가 사상이
가미되었다.) 수천 년 동안 자연과 관계를 맺으며 얻은
가장 확실한 세 가지 교훈이 와비사비의 지혜로 모아졌다.

첫째, 모든 것은 비영속적이다

무를 향한 의지는 끝이 없으며 보편적이다. 경도, 불활성,
고형성 같은 물질의 모든 특징조차 불변이라는 '환상'에
지나지 않는다. 우리는 눈가리개를 하고 잊어버리거나
모르는 척하거나 아닌 척하기 위해 계략을 꾸민다.
하지만 결국 모든 것은 허사가 될 뿐이다. 모든 것은
닳아 없어진다. 행성과 항성, 심지어 명예와 가문의 유산,
역사의 기억, 과학의 정리定理, 수학의 증명, 위대한 예술과
문학작품 같은 무형의 것들도 (설령 디지털 형태라 해도)
모두 희미해져 끝내 잊혀지고 존재하지 않게 된다.

둘째, 모든 것은 불완전하다

불완전하지 않은 존재는 없다. 면밀히 관찰하면 결함은
어디에서나 발견된다. 면도날의 예리한 가장자리를
확대해보면 미세하게 파이고 깎여 얼룩진 부분이 드러난다.
모든 장인은 완전함의 한계, 즉 불완전함이 떠오르는 때를
알고 있다. 분해가 시작되고 원초적 상태에 가까워지면
사물의 완성도와 정형성은 훨씬 더 감소한다.

셋째, 모든 것은 미완성이다

우주를 포함한 모든 것은 거듭되는 생멸生滅의 흐름 속에
있다. 우리는 때때로 어떤 과정 중에 있는 한 시점을
'완료'나 '완성'이라고 자의적으로 지정한다. 하지만 무언가의
운명이 마침내 결실을 맺는 것은 언제인가? 초목은 언제
완성되는가? 꽃이 필 때인가? 씨앗을 맺을 때인가?
씨앗에서 싹이 틀 때인가? 만물이 흙으로 돌아갈 때인가?
와비사비에는 완성이라는 개념의 근거가 존재하지 않는다.

위대함은 우리가 주목하지 않고 지나치는 작은 것에 존재한다

와비사비는 서구의 이상적 아름다움, 즉 기념비적이고
장대하며 영구적인 것의 정반대에 존재한다. 와비사비는
꽃과 초목이 만개했을 때가 아닌, 피거나 질 무렵 자연에서
발견된다. 와비사비는 우아한 꽃, 장엄한 나무, 화려한
풍경에 있지 않다. 와비사비는 사소하고 숨겨진 것,
잠정적이고 일시적인 것이다. 너무나 미묘하고 순간적이어서
범속한 눈에는 보이지 않는다.

　　와비사비의 본질은 조금씩 투여되는 데 있다.

동종요법同種療法의 약물처럼 투여가 줄어들수록 효능은
더 강하고 깊어진다. 사물은 비존재에 가까워질수록
더 절묘하게 아름다움을 환기시킨다. 따라서 와비사비를
경험한다는 말은 천천히 인내심을 갖고 매우 면밀하게
관찰해야 한다는 뜻이다.[35]

아름다움은 추함에서 이끌어낼 수 있다

와비사비는 아름답지 않은 추한 것에서 아름다움을
분리하는 일에 양가적 태도를 보인다. 어떤 면에서 보면
와비사비의 아름다움은 우리가 추하게 여기는 것을
받아들이기 위해 노력하는 상태를 말한다. 와비사비에서
말하는 아름다움이란 나와 나 아닌 것 사이에서 발생하는
역동적 사건이다. 아름다움은 적절한 환경이나 맥락,
관점이 조성되는 순간 저절로 발생할 수 있다. 그러므로
아름다움은 전환된 의식 상태, 즉 시가 탄생하는 순간이고[36]
우아미優雅美[37]가 있는 경이로운 순간이다.

　　와비사비 다실의 원형이 된 중세 일본 농촌의 오두막은
다도를 즐기던 부유한 상인과 사무라이, 귀족에게는 매우

누추하고 초라한 환경이었다. 하지만 적절한 맥락에서
인식의 유도를 거치면서 이 공간은 극히 예외적인
아름다움을 지니게 되었다. 이와 비슷하게 초기의 와비사비
다기는 거칠고 흠이 있고 볼품없으며 색조가 탁했다.
세련되고 화려하며 완벽한 아름다움을 표방하던 중국식
규범에 익숙해져 있던 다인들은 처음에 이런 다기들을
추하다고 여겼다. 이는 마치 와비사비 선구자들이
관습적으로는 아름답지 않은 (추하지만 지나치게
기괴하지는 않은) 것들의 본보기를 의도적으로 찾아내
그 반대 대상으로 탈바꿈시키는 도전적 상황을 조성한 것과
같다고 할 수 있다.

마음의 상태

우리는 알고 있는 것을 어떻게 느끼는가

불가피한 것을 수용한다

와비사비는 생명의 덧없음에 대한 미적 공감이다.
잎이 무성하던 여름 나무는 겨울 하늘 아래 메마른 가지만
드리운다. 화려한 저택도 언젠가는 허물어져 잡초와
이끼로 뒤덮인 토대만 흔적으로 남을 뿐이다. 와비사비의
이미지를 통해 우리는 죽음이라는 운명을 관조하고
실존적 고독과 여린 비애를 느낀다. 모든 존재가 같은
운명을 공유하고 있기에 우리는 와비사비의 이미지를 통해
쓸쓸함과 달콤함이 뒤섞인 안도감을 느낀다.

　　와비사비의 심상心象은 때때로 시를 통해 전달된다.
시는 언어라는 작은 틀보다 '더 크게' 느껴지는
정서적 표현과 강한 잔향의 이미지를 제시하기에
적합하므로 더 넓은 우주를 이끌어 낼 수 있다. 리큐는
와비사비의 분위기를 전하는 데 일본인들이 자주 읊는
후지와라노 데이카藤原定家, 1162-1241[38]의 시를 사용했다.

둘러보면 꽃도

단풍도 없구나

바닷가의 초라한 오두막

가을 지물녁[39]

일상의 어떤 소리는 슬프면서도 아름다운 와비사비의
감정을 자아낸다. 갈매기와 까마귀의 애절한 울음 소리.
뱃고동의 쓸쓸한 외침 소리. 대도시 빌딩숲 사이에서
들리는 구급차 사이렌의 통곡 소리.

우주적 질서에 감응한다

와비사비는 우리가 통상적인 감각으로 인지할 수 있는 것
너머의 가장 미묘한 영역, 그리고 존재 자체에 관련된
모든 것의 법칙과 역학 관계를 암시한다. 이런 원초적인
힘은 힌두교와 중세 유럽 가톨릭이 각자의 우주관을
정서적으로 전달하기 위해 만다라와 대성당을 만들었듯이
모든 와비사비한 것 안에서 드러난다. 와비사비의 소재들
중 어떤 것은 초월적 느낌을 이끌어내기 위해 사용되었다.
창호지를 투과해 번지는 빛의 형상. 물기를 잃어버린 점토에
생긴 균열의 형태. 녹슬어 광택을 잃은 금속의 색과 질감의
변화. 이런 현상들은 우리의 일상에서 기저를 이루는
물리적 힘과 질서를 표상한다.

도덕적 계율

이제 알았다면 어떻게 행동해야 하는가

불필요한 것은 모두 배제한다

와비사비는 이 지구 위를 유유히 걸으며 언제 어디에서
무엇과 마주치든 그 모든 것에 감응할 줄 안다는 뜻이다.
"물질적 빈곤이 곧 정신적 풍요"라는 표현은 와비사비를
논할 때 자주 등장하는 상투적 문구다. 와비사비는
성공 즉 부, 지위, 권력, 사치에 대한 집착을 내려놓고
홀가분한 삶을 즐기라고 말한다.

　　　와비사비에서 말하는 단순한 삶을 살아가려면
어느 정도의 노력과 의지 그리고 힘든 결정도 필요하다.
와비사비는 선택할 때를 아는 것이 중요한 만큼 선택하지
'않는' 것, 그저 내버려두어야 할 때를 아는 것도 중요하다고
말한다. 하지만 가장 금욕적인 단계에서도 우리는 여전히
물질 세계에 얽매여 있다. 와비사비는 물질에서 얻는

즐거움과 물질에서 자유로워진 기쁨 사이에 존재하는
섬세한 균형이다.

본질에 집중하고 물질적 상하관계를 무심히 대한다

다실에서 일어나는 규정되고 짜여진 행동은 와비사비의
가치를 분명하게 보여준다. 먼저, 다회에 참석하는 모든 이는
겸손을 상징적으로 표하기 위해 일부러 작게 만든 다실
입구로 허리를 굽혀 기어 들어가야 한다.[40] 다실 안에서는
모든 것을 동등하게 대하는 분위기가 흐른다.

　　　이 물건은 비싸니까 품질이 좋고 저 물건은 저렴하니까
품질이 나쁘다는 식의 위계적 사고방식은 받아들이지
않는다. 다실 밖에서는 전혀 다른 사회계층에 속한
가난한 학생, 부유한 사업가, 영향력 있는 종교인도 다실
안에서만큼은 모두 평등해진다. 다구류도 마찬가지다.
안목 있는 참석자가 보기에 그 본질이 명백하게 드러날
때도 있고 그렇지 않을 때도 있다. 다구의 유래와 장인의
이름처럼 식별에 도움이 되는 관습적 지식은 와비사비에서
중요하지 않다. 가격과 관련된 물질적 가치의 일반적

상하관계도 배제된다. 진흙, 종이, 대나무는 사실상
금은보석보다 와비사비의 본질적 특성과 가치를 더 많이
지니고 있다. 와비사비에서 '가치 있는' 것은 없다.
왜냐하면 '가치가 있다'는 것은 '가치가 없다'는 의미일 수도
있기 때문이다. 물건은 그 물건의 진가가 인정되는 오직
그 순간에만 와비사비의 경지를 구현한다.[41] 그러므로
다실 안에서 사물은 와비사비적 특성이 자체적으로
표현될 때만 존재한다. 다실 밖에서는 일상의 현실로
돌아가고 와비사비 관점에서는 그 존재가 사라져버린다.

물질적 특성

어떤 사물, 동기, 배합이 우주에 대한 우리의 이해를 표현하는가
혹은 그러한 이해를 다른 대상 안에 창출하는가

자연스러운 과정을 암시한다

와비사비한 것은 시간의 흔적을 표현한다. 그것들은
풍화작용과 인간의 손에 쉬이 영향 받는 소재로 만들어진다.
와비사비한 것은 태양, 바람, 비 그리고 더위와 추위의
흔적을 퇴색, 녹, 변색, 얼룩, 휨, 수축, 위축, 균열이라는
언어로 기록한다. 칼에 베인 자국, 이 빠진 자국, 멍든 자국,
흉터 자국, 움푹 패인 자국, 벗겨진 자국 그리고
다른 식으로 소모된 모든 흔적은 사용과 오용의 이력을
증언한다. 와비사비한 것은 극히 약해지고 손상되고 메말라
물질성이 소멸되는 (혹은 물질성이 구현되는) 기로에
있을지라도 여전히 한결같은 균형과 강한 개성을 유지한다.

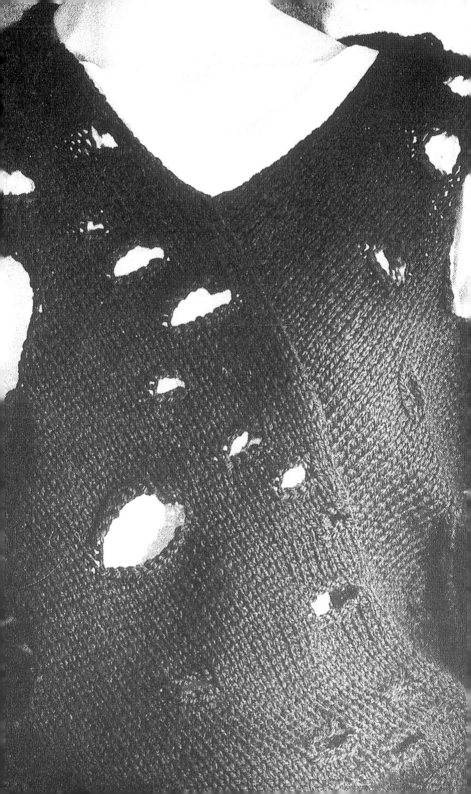

비정형이다

와비사비한 것은 우리가 통상적으로 이야기하는 훌륭한
취향과는 거리가 멀다. 우리는 어떤 것이 디자인적으로
'정확한' 해결 방안인지 이미 알고 있지만, 와비사비는
우리에게 '정확하지 않은' 해법을 조심스레 제시한다.[42]
결과적으로 와비사비한 것은 종종 특이하고 기형적이고
투박한 혹은 많은 이가 추하다고 여길 만한 모습으로
나타난다. 와비사비한 것은 깨진 조각을 다시 붙여놓은
다완茶碗처럼 우발적 사고[43]의 영향을 드러낼 수 있다.
혹은 직물기의 컴퓨터 프로그램에 의도적으로 간섭해
고르지 않게 나온 옷감처럼 우발적 상황을 그냥 내버려둔
결과를 보여주기도 한다.

친밀하다

와비사비한 것은 작고 조밀하며 조용하고 내향적이다.
그것은 가까이 다가와 만져보고 관계를 맺으라고 손짓한다.
그리고 사물과 사물, 사람과 사물 사이의 심리적 거리를
좁히도록 격려한다.

　　와비사비한 장소는 형이상학적 사고력을 향상해주는
작고 한적하며 은밀한 환경이다. 가령 와비사비 다실의
바닥 면적은 3평 정도밖에 안 된다. 다실은 천장이 낮고
작은 창문과 비좁은 입구가 있으며 은은한 조명이 비친다.
평온하고 고요하고 포근해 마치 어머니의 뱃속 같다.
다실은 어디에도 없으면서 어디에나 있고 모든 곳에 있는
별세계다. 와비사비의 장소들처럼, 다실 안에서 모든 사물은
실제 크기와 반비례해 그 중요성이 커지는 것 같다.[44]

꾸밈없다

와비사비한 것은 자연스럽고 필연적인 양상을 나타낸다.
"나는 중요하다"고 외치거나 주목 받기를 원하지 않는다.
겸손하고 절제되어 있지만 존재감과 차분한 권위가 있다.
와비사비한 것은 자연스럽게 주변과 공존한다.[45] 그것들은
직접 접촉하고 사용하는 동안에만 음미할 수 있다.
절대 박물관에만 틀어박혀 있지 않다. 와비사비한 것에는
신뢰감을 주는 등급이나 시장의 평가, 출처를 입증하는
서류도 필요 없다. 와비사비한 것은 창작자의 경력이나
성품과 같은 정보에 결코 의존하지 않는다. 실제로 창작자가
무명이거나 익명이고 모습을 드러내지 않아야 바람직하다.

소박하다[46]

와비사비한 것은 거칠고 정제되지 않은 것처럼 보인다.
그것들은 보통 흙 속에 혹은 흙 위에 있는 본래의 상태에서
동떨어지지 않은 재료로 만들어지기 때문에 가공되지
않은 거친 질감과 촉감이 풍부하다. 거기에서 수공예적
기교를 찾아보기란 불가능할 것이다.

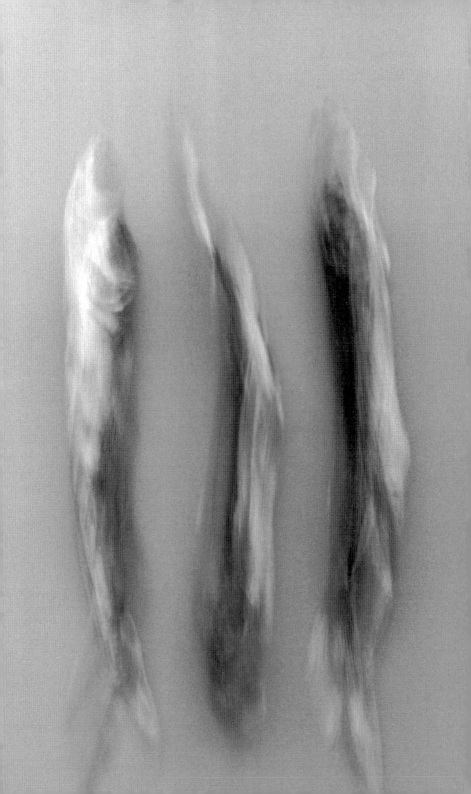

모호하다

와비사비한 것에는 모호하고 흐릿하고 감쇠滅衰하는
성질이 있다. 사물은 무로 돌아갈 때 혹은 무에서 생겨날 때
그러한 성질을 띠게 된다. 한때 날카롭던 칼날이 부드러운
빛을 낸다. 한때 견고했던 물성이 스폰지처럼 보인다.
한때 밝고 강렬하던 색이 흐린 진흙빛으로, 새벽과 해질녘의
희부연 색조로 변한다. 와비사비는 회색(회청색 계열의 갈색,
은홍색 계열의 회흑색, 감색 계열의 황록색)과 갈색(검은색
계열의 짙은 갈색을 띤 파란색, 밝지 않은 색조의 녹색)과
검은색(붉그스름한 검은색, 푸르스름한 검은색, 갈색을 띤 검은색,
녹색을 띤 검은색)의 무한한 스펙트럼으로 나타난다.

　　와비사비한 것은 가끔 무로부터 갓 생겨났을 때의
연한 파스텔 색조로 나타나기도 한다. 표백하지 않은
면직물과 삼베, 재생지의 미색처럼. 부풀어오른 꽃봉오리의
녹갈색처럼. 묘목과 새싹의 은녹색처럼.

단순하다

와비사비한 것의 핵심은 단순함에 있다. 물론 무는
궁극의 단순함이다. 그러나 무 이전과 무 이후의 단순함은
그리 간단하지 않다. 리큐의 말을 빌리자면, 와비사비의
본질은 다도에서 행하는 것처럼 단순함 그 자체다.
물을 떠오고 장작을 모으고 물을 끓이고 차를 준비해
손님에게 대접한다. 그 이외의 세세한 부분은 참석자의
창의성에 맡겨두기를 권한다.[47]

하지만 검소함을 과시하지 않으면서 단순함에
필요한 신중함을 어떻게 실천해야 하는가?[48] 어떻게 하면
지나치게 까다롭지 않으면서 모든 필수 세부사항에
주의를 기울일 수 있는가? 어떻게 하면 지루하지 않게
단순함을 실현할 수 있는가?[49]

와비사비의 단순함은 마음에서 우러나 성실하고
겸허한 지성에 도달하는 '유현幽玄의 경지'[50]라 설명하는 것이
가장 적합할지 모른다. 이런 지성이 취할 수 있는 방법은
바로 수단을 줄이는 것이다. 본질에 이를 때까지 줄이되
시를 내버리지 않는 것. 사물을 청결하게 유지하되 소독할

정도로 청결에 얽매이지 않는 것. (와비사비한 것은
정서적으로 결코 차갑지 않으며 따뜻하다.) 이는 대개
사용할 만한 소재가 한정되어 있음을 암시하며 눈에 띄는
특징을 최소한으로 줄인다는 의미다. 하지만 이것이
구성 요소들을 어떤 식으로든 유의미한 전체로 결속하는
보이지 않는 연결 조직까지 없앤다는 의미는 아니다.
또한 우리에게 어떤 것을 거듭 바라보게 만드는 특성
즉 '흥미로움'을 감소시킨다는 의미도 아니다.[51]

주석

1 일본 전통 꽃꽂이 이케바나 유파 중 가장 큰 지부 조직을 가졌으며
  다양한 재료를 자유롭게 사용하는 특징이 있다. 창시자 데시가하라 소후
  勅使河原蒼風, 1900-1979는 이케바나를 현대 예술로 승격시켰다는 평가를
  받고 있다. ─ 옮긴이

2 이에모토는 스승과 제자로 조직된 집단이다. 조직 자체는 물론
  조직의 수장도 이에모토라고 부른다. ─ 옮긴이

3 데시가하라는 외부에 대나무를 심은 작품 '다엔惰苑'을 설치했고
  그 이외의 다실 설계는 안도 다다오安藤忠雄, 이소자키 아라타磯崎新,
  기쿠타케 기요노리菊竹清訓가 맡았다. 누마즈 대다회沼津大茶会라 불리는
  이 행사는 1587년 교토 기타노텐만구北野天満宮신사에서 최대 규모로
  열린 다회를 본보기로 삼은 것이다. 규슈 남부의 섬을 평정하고 돌아온
  도요토미 히데요시는 계급과 빈부에 상관없이 모든 다인茶人에게
  기타노텐만구신사에서 열리는 다회에 참가하라고 명령했다.
  약 800개의 오두막 다실이 신사 경내의 소나무 밭을 가득 채웠다.

4 이 책 전반에 걸쳐 등장하는 '미적인, 미학적인aesthetic'이라는
  단어는 예술적 차별화와 판단을 위한 일련의 유익한 가치와 원칙,
  즉 가이드라인을 지칭한다. '미적인, 미학적인'의 특징은
  첫째, 특수성(통상적이고 혼란스럽고 차별화되지 않는 인식들의 집합과
  차별됨)이고 둘째, 명료성(미학적 '요점'은 그 미학이 불명확성을
  다루더라도 명확해야 함)이며 셋째, 반복성(지속성)이다.

5 각각 1950년대, 1970년대, 1990년대에 발생한 영미의
  저항문화다. 특히 비트 세대는 선불교를 비롯한 동양 사상에
  큰 관심을 가졌다. ─ 옮긴이

6 오카쿠라 덴신岡倉天心, 1862-1913으로도 불리며 메이지 시대明治時代에
  활약한 인물이다. 1889년 현 도쿄예술대학 미술부인 도쿄미술학교
  초대 교장을 지냈으며 1904년 미국으로 건너가 보스턴미술관
  동양미술 부문 책임자로 일했다. 재직 중에 펴낸 『차의 책』은 여전히
  많은 서양인이 애독하는 다도 및 동양예술 입문서로 평가 받고 있으며
  국내에도 소개되었다. ─ 옮긴이

7   지금까지 와비사비는 형식상의 체계적 구조가 갖춰진 적이 없다.
    이 책에서 시도하는 접근이 지적으로 타당한가? 정통파 연구자들이
    와비사비의 최고 권위자로 꼽는 센노 리큐는 전체성을 이해함으로써
    법칙이나 개념의 가장 순수한 본질을 파악할 수 있다는 말을 남겼다고
    한다. 그렇다면 파생적 형태는 현재의 필요에 따라 변형될 수도
    있지 않을까? 필자가 지금 와비사비에 대해 하고 있는 작업이 바로
    지금에 맞춰 변형하는 그런 시도라 할 수 있을 것이다.

8   인도에서 유래한 선불교는 기원후 6세기 중국 대륙으로 건너가
    더 발전했고 그로부터 6세기 뒤 일본에 처음 들어왔다.
    선은 "모든 이성적인 개념 너머의 초월적 진리를 꿰뚫는
    직관적인 통찰"을 강조한다. 와비사비와 선 모두 존재와 사건을
    바라보고 생각하는 관습적 방식을 초월하는 데 핵심이 있다.
    무는 와비사비 형이상학의 중심을 이룬다. 선에서도 마찬가지다.

9   不立文字 以心傳心(불립문자 이심전심).
    선종의 핵심적인 가르침이다. —옮긴이

10 知者不言 言者不知(지자불언 언자부지). 노자. 『도덕경』. 제56장. —옮긴이

11 이에모토식의 모든 사업은 이에모토를 정점으로 피라미드 구조로
    조직된다. 유파의 생도들이 개인교사에게 납입하는 일부 수업료는
    피라미드를 타고 올라가 보통 장자에게 세습되는 이에모토에게 상납된다.
    오늘날 많은 이에모토 가문은 막대한 부를 갖고 있으며, 엄밀히 말해
    문화적인 것과는 동떨어진 영역에까지 사업을 다각화하고 있다.

12 세계를 동양과 서양으로 양분하는 것은 간편하게 축약한 의사소통
    수단이다. 마치 유명한 사람이나 사건, 사물의 이름을 문화적으로
    합의된 일반화의 상징으로 사용하는 것과 같다. 일본을 '동양적'이라고
    특징지을 때 세심한 주의를 기울여야 한다. 특히 제2차 세계대전 이후
    서양의 이념과 가치관은 점점 더 일본 사회에 스며들었고, 그 결과
    일본의 미적 개념은 미국과 유럽의 그것으로 점차 대체되었다.

13 와비와 사비를 옥편에서 찾아보면 다음과 같은 풀이가 나온다.
  侘(낙망할 차): 낙망하다, 실의하다.
  寂(고요할 적): 고요하다, 적막하다, 죽다. — 옮긴이

14 모더니즘과 와비사비 사이에는 아이러니한 공존성도 있다.
  예를 들면, 현재 일본에서는 유리와 철재로 지은 현대적 건물 안에서
  와비사비풍의 다실과 식당을 흔히 볼 수 있다. 와비사비 다도의
  명인 고보리 엔슈小堀遠州, 1579-1647가 교토에 있는 일본 황실 별장
  가쓰라리큐桂離宮의 설계자로 알려진 것도 기이하다. 건물 내부가
  벽으로 나뉘지 않은 열린 평면의 이 수수한 건축물은 서구의
  많은 초기 모더니즘 건축가에게 큰 영향을 주었다. 엔슈가 실제로
  가쓰라리큐의 설계자였는지와는 별개로 그의 영향은 이 별궁에
  스며들었고, 이를 통해 와비사비가 간접적으로 모더니즘의
  주된 영감의 원천이 되었다.

15 다도, 차도, 사도는 모두 茶道로 표기된다. 차노유는 16세기 들어
  널리 사용되었고 에도 시대 초기 차노유의 정신이 강조되면서
  다도라는 용어가 등장했다. — 옮긴이

16 이상적인 다회는 그 모임에 참석한 모든 이의 정보가 복잡하게
  교환되는 의식이었다. 곡의 진행 방법만을 기본 지시사항으로
  제시하는 존 케이지John Cage, 1912-1992의 음악 구성처럼 각각의 다회는
  새로운 '작품'을 낳는 예술적 환경을 조성했다. 참석자들은 이미 다회를
  수차례 경험했으므로 이전의 다회를 암시하는 기교적 디자인, 문예적
  소양을 넓혀주는 대화와 같은 그들의 식견이 쌓여 그 다회의 얼개
  자체를 형성했다. 그래서 언제나 다음 다회는 더 깊고 복잡하게 쌓인
  경험의 층 위에서 성립했다.

17 16세기의 다실은 오늘날 일본 사업가들의 골프 코스와 매우 비슷했다.
  부유한 상인들이 사업상 새로운 관계를 맺는 곳이었던 것이다.
  또한 그곳은 무사들이 정치적 동맹을 도모하고 체결하며 전투의 승리를
  축하하는 장소이기도 했다. (당시 무사들은 모두 다도를 배웠다).

18 이 혁신의 원류를 찾아 거슬러 올라가면 매월당 김시습의 '초암차草庵茶'를
    만나게 된다. 김시습은 세사를 등지고 홀로 금오산 용장사 초암에
    기거하던 중 자신을 찾아온 교토 덴류지天龍寺의 선승 슌초俊超에게
    청빈과 최소한의 소유 그리고 고요함과 자연스러움을 강조한 초암차의
    정신을 전수한다. 이는 고려불화의 보고라 불리는 교토 다이토쿠지大德寺의
    선승 잇큐一休를 거쳐 무라타 슈코로 이어졌다. 잇큐의 어머니는
    고려 출신으로 알려져 있다. 고려와 다이토쿠지 그리고 잇큐와 리큐에
    대한 논의는『일본에 남은 한국미술』(존 카터 코벨 지음, 김유경 옮김,
    글을읽다, 2008)에, 김시습에서 리큐로 이어지는 초암차 정신에 대한
    논의는『한차 문명의 동전韓茶東傳』(최정간 지음, 차의세계, 2012)에
    상세히 기술되어 있다. ─옮긴이

19 '리큐'라는 이름은 63세 때 오기마치 천황正親町天皇에게 하사 받은 호로,
    생애 대부분은 다나카 소에키田中宗易라는 이름으로 불렸다. 리큐는
    일본 다도의 한 양식인 '와비차'를 완성했다. 교토 묘키안妙喜庵에 있는
    다실 다이안待庵은 리큐가 만든 다실 중 유일하게 남아 있는 것으로
    국보로 지정되어 있다. ─옮긴이

20 다도의 역사 속에서 교훈적 사건과 관련된 많은 일화가 꾸준히
    전해져왔는데, 대부분은 사실이 아니거나 심하게 윤색되었을 것이다.
    이런 이야기들 중 리큐가 차의 명인 다케노 조오武野紹鷗, 1502-1555의
    제자로 받아들여지기 전에 봤던 '입문 시험' 일화가 있다. 리큐는 낙엽이
    떨어져 있는 조오의 정원을 청소하라는 명령을 받는다. 리큐는 먼저
    정원 바닥을 이파리 하나 남김없이 모두 갈퀴질로 청소한다. 그리고 나서
    와비사비의 정서가 느껴지도록 나무의 몸통을 흔들어 잎을 떨어뜨린다.
    이 일화가 증명하듯이 와비사비는 청결하지만 결벽스럽지 않고
    무결하지도 않다. 아버지를 스승으로 모시려는 리큐 아들의 일화도
    이와 거의 흡사하다. 리큐는 낙엽 하나 남겨두지 않고 정원 바닥을 청소한
    아들을 꾸짖고 나무를 흔들어 잎을 떨어트린다.

21 와비사비의 초기 물건들은 리큐와 그의 동료들이 농가에서 혹은
    외유 중에 발견한 것들이었다. 결과적으로 리큐는 '아트 디렉터'가 되었고,
    장인들에게 새로운 감성에 기반한 독창적인 물품 제작을 의뢰했다.

22 이런 와비사비의 다실을 초암草庵다실이라고도 부른다. 이와 반대로
건축의 형식미를 강조한 서원書院다실이 있다. 초암은 갈대나 짚,
풀 등으로 지붕을 엮은 암자를 뜻한다. '농촌의 오두막'이라 번역했지만
우리의 감각으로는 초가집에 더 가깝다. ─옮긴이

23 당대의 화려함에 반해 리큐가 농촌 오두막 형태의 초소형 다실과
세련되지 않은 다구를 사용한 일은 때때로 마리 앙투아네트 Marie
Antoinette, 1755-1793가 베르사유궁전chateau de versailles 정원 한구석에
모조로 세워놓은 오두막에서 간편한 무명 드레스와 밀짚모자를 착용하고
양치기 소녀 놀이, 우유 짜는 소녀 놀이를 한 것과 비교되곤 한다.
하지만 리큐의 놀이는 훨씬 더 진지했을 것이다. 리큐의 근저에는
미적 의지가 있었기 때문이다. 반면 마리 앙투아네트는 본질적으로
새로운 오락에 관심이 있었다. 하지만 이후 리큐의 수많은 추종자는
표면상 와비사비 스타일로 가난한 사람을 연기하는 부유층이었으며
정신적으로 리큐보다는 마리 앙투아네트에 더 가까웠다. (지금도
역시 마찬가지다.) 아파트보다 더 값나가는 그들의 '단순하고 소박한'
오두막 다실은 대부분 고급 공예기법이 사용된 최상급 자재로
만들어졌다. 변변찮아 보이는 다구들 또한 터무니없이 비싼 것들이다.

24 '황제의 새 옷'은 안데르센의 동화 제목이다.
우리에게는 '벌거벗은 임금님'으로 알려져 있다. ─옮긴이

25 리큐가 할복을 명령 받은 이유는 복합적이지만, 히데요시의 조선 출병을
만류해 그의 노여움을 산 것이 가장 큰 이유였다. '정치적으로 무엄한
행동'은 이를 가리킨다. 야마모토 겐이치山本兼─의 소설 『리큐에게 물어라
利休にたずねよ』에 이 상황이 잘 묘사되어 있으며 영화로도 제작되어
국내에도 소개되었다. ─옮긴이

26 리큐가 실제로 와비사비와 마른 찻잎을 끓는 물로 우리는 점다點茶에
어떤 생각을 품었는지 알기 어렵다. 간접적인 두 가지 자료만으로
그의 생각을 파악할 수밖에 없기 때문이다. 가장 중요한 다도 문헌인
『남방록南方錄』은 리큐가 죽은 뒤 승려이자 리큐의 제자이고 같은 고향
친구였던 난보南方가 집필했다고 추정한다. 그러나 현존하는 사본을

사무라이이자 다인인 다치바나 지쓰잔立花実山이 정말 시기적절하게도
리큐 사후 100주년을 기념하는 시기에 발견했기 때문에 일부
연구자는 이 책이 정교한 위서일 것이라고 판단한다. 또 다른 문헌
『야마노우에소지키山上宗二記』는 리큐의 수제자 야마노우에 소지山上宗二가
리큐가 다회에서 사용한 모티프와 다구 등을 기록한 것이다. 두 책
모두 다도와 와비사비에 관련된 온갖 사상적 입장을 정당화하는 데
사용되어왔다.

27 이런 방법의 또 다른 측면은 지식과 기술의 보고寶庫가 언어가 아닌
몸이라는, 선禪에서 기인한 신념이라는 점이다. 따라서 다도는 기계적
반복을 통해 형식을 배우는 데 집중한다.

28 리큐의 와비사비 다도 사상에 사람과 사람 사이의 소통 혹은 인간관계가
설령 있었다 해도 매우 적은 부분만을 차지했을 것으로 보인다.
『남방록』은 다회의 주인과 손님이 "어떻게든 서로의 마음에 맞는 편이
좋다. 그러나 맞추려고 애쓰는 것은 좋지 않다."고 지적한다. 즉 되도록
고매한 와비사비의 심상에 이르러 머무르기 위해 인간관계로 방해를
받지 말라는 의미다. 와비사비에서 사물과 인간은 동등하게 대우받는다.
와비사비는 인도주의 철학이 아니다. 생명의 존엄성이나 인간을 위한
자비심 혹은 선악을 다루지도 않는다.

29 차의 아름다움을 만난다는 뜻의 사비에茶美会는 46쪽에서 언급한
진보적 다인 모임의 명칭이다. 사비에의 당수는 일본 최대 다도 유파
우라센케裏千家 차남 이즈미 마사카즈伊住正和, 1958-2003다. 차남이기에
차기 이에모토는 될 수 없었다. 사비에의 예술적 방향성은 주로
일본 그래픽 디자인과 아트 디렉션의 원로 다나카 잇코田中一光와 유명한
비평가이자 아트 코디네이터 이토 준지伊藤潤二에게 영향을 받았다.

30 『야마노우에소지키』에서 처음 다도의 이념으로 제시했고 『남방록』의
"일좌일회의 마음一座一会の心"으로 이어졌다. '일기일회'는 법정 스님의
첫 법문집 제목으로도 잘 알려져 있다. ─옮긴이

31 지금까지 사비에로 생긴 다실이나 다구 같은 결과물은 주로
일본 백화점에 진열되었다. 아직까지는 와비사비를 느낄 수 있는 것이
거의 없다. 물건 대부분은 리큐 이전 시기, 즉 와비사비의 감성이
확립되기 전의 시기를 떠올리게 하며 일본의 우아하고 세련된
전통 유흥과 놀이에 가장 가까워 보인다.

32 오늘날까지 와비사비는 이처럼 형식적이고 질서 정연한 방식으로
표현된 적이 없다. 이런 '인위적인' 지적 구조를 통해 와비사비가
훨씬 더 이해하기 쉬워졌다고 생각한다.

33 어렴풋한 흔적을 남기며 생멸하는 또 하나의 시각적 은유는 벚꽃이다.
이는 일본 문화에서 가장 설득력이 있는 (그리고 상투적인) 이미지다.
매년 봄 벚꽃은 기껏 일주일 정도 핀다. 하지만 갑작스레 비가 오거나
바람이 불면 섬세한 분홍빛 꽃은 금세 다 지고 만다. 이 짧은 시간을
즐기기 위해 크고 작은 모임들이 일본 전국의 벚꽃나무 아래에
돗자리를 펼친다. 형태가 있는 구조물과는 대조적으로, 하나의 장소와
하나의 행사가 동시다발적으로 생겨나는 것이다. 벚꽃의 이런 이미지가
지닌 불후의 애달픈 와비사비의 힘은 우리가 일체의 덧없음을
평상시에 의식하는 데서 생겨난다. 이 한순간 전에 꽃은 피지 않았다.
이 한순간 후에 꽃은 피어 있지 않을 것이다.

34 와비사비의 맥락에서 '자연'은 여러 가지를 의미한다. 이는 인간의
손길이 닿지 않은 물리적 실재의 차원을 지칭한다. 본래의 순수한 상태
그대로가 바로 자연인 것이다. 이런 의미에서는 식물, 동물, 산, 강
그리고 때로는 유순하고 때로는 난폭한 바람, 비, 불 등의 물리적 힘과
같은 지상의 사물과 현상을 뜻한다. 하지만 와비사비에서 자연은
인간의 마음과 그로부터 나온 인위적인 혹은 '부자연스러운' 사고와
창작 모두를 망라하기도 한다. 따라서 자연은 존재의 근본 원칙을
포함해 존재하는 모든 것을 뜻한다. 이는 서구 유일신론의 신과
밀접하게 상응한다.

35 오늘날 존재하는 다도의 관습적인 면은 의식에 사용하는 각각의 도구에
형식적으로 주의를 기울인다는 점이다. 이는 다완茶碗, 차통茶入れ,
물주전자 등의 세세한 부분뿐 아니라 꽃병花入れ과 물 끓이는 데 쓰는
숯 등에도 관심을 둔다는 의미다. 한때 자연스럽게 이뤄졌던 행동은
이제 엄밀하게 짜여진 각본에 따른다. 도구를 언제 어떻게 다뤄야 하는지
그리고 그 도구에 대한 질문을 언제 어떻게 해야 하는지에 대한 특정한
규칙이 있다. 이렇게 하면 최소한 앞에 놓인 바로 그 물건에 주의를
기울일 수 있으며 진정으로 '마주할 수 있게' 된다.

36 여기에서 언급된 시는 단순히 문학의 한 장르로서가 아닌 "어떤 개념을
전개하는 데 목적이 있지 않고, 논리를 어기면서까지 이미지를
구성 혹은 종합해 전체적인 새로운 하나의 뜻으로 발전시키려는"
경향이 있는, 지은이의 표현을 빌리자면 '전환된 인식 상태'의 시다.
특히 하이데거와 바슐라르의 시론이 이에 속한다. 『인식과 실존』
(박이문, 미다스북스, 2016). — 옮긴이

37 '우아미grace'는 미학적 개념으로 자연에 순응하고 그것을 받아들인다는
물아일체적 의미가 있으며 이는 와비사비의 정신과 만난다. — 옮긴이

38 헤이안 시대平安時代의 귀족정치에서 가마쿠라 시대鎌倉時代의
막부정치에 걸친 격동의 시기에 활동한 공가公家이자
가인歌人으로 '후지와라노 사다이에'라고 불리기도 한다.
시집『센자이와카슈千載和歌集』『신고킨와카슈新古今和歌集』,
『신초쿠센와카슈新勅撰和歌集』등을 편찬했다. — 옮긴이

39 "All around, no flowers in bloom. Nor maple leaves in glare, a solitary
fisherman's hut alone. On the twilight shore. Of this autumn eve."
영문 번역 이즈쓰 도시히코井筒俊彦, 이즈쓰 요코井筒豊子.

40 무릎을 꿇고 숙여서 들어가야 하기 때문에 니지리구치躙り口라고 한다.
니지리구치는 다실 정원 로지露地와 이어진다. 와비사비의 정원과 다실을
합쳐 로지소안露地草庵이라 부른다. — 옮긴이

41   리큐가 인정한 초기 와비사비의 다구들은 이름 없는 제작자가 만든
     일상의 가정용품, 즉 어떠한 지위도 없는 물건들이었다. 하지만 지위라는
     것은 기회만 있으면 어떻게든 자신의 권위를 확고히 할 수 있는 것일까?
     이전까지 별 평가를 받지 못하던 그 물건들이 거의 같은 시기에 형성된
     시장에서 고가에 거래되었다. 가치가 커져 가격이 너무 높아진 물건은
     더 이상 와비사비이기를 버리고 그 대신 전보다 얼마나 큰 지위의
     변동을 거쳤는지 상기시켜주는 고가의 기념품이 되었다. 일본 각지의
     박물관에 소장된 '소위' 와비사비의 보물이라 불리는 물건들도 적지 않다.
     하지만 그것들은 단지 와비사비의 '형해形骸'만 남아 참된 정신은
     더 이상 찾아볼 수 없는 '빈 껍데기'일 뿐이다.
     1960년대 후반부터 1970년 초반의 짧은 시기에 모노하もの派라는
     일본의 예술운동이 있었다. 모노하는 오직 지금 그 순간만을 위해
     사물의 와비사비적 느낌을 공유했다. 모노하의 예술가는 나무, 바위,
     밧줄 등 자연적이고 일상적인 소재를 사용해 임시 설치작품을 만들었다.
     그들 작품은 수집 불가능성으로 그 진정성이 성립되었다. (그 결과
     이들의 작품을 소장한 아트 컬렉터와 박물관은 없다.) 어느 비평가는
     이렇게 말했다. "그들은 완전하고 완성된 오브제의 개념을 거부했다.
     그들의 조소 작품은 금전적 가치가 높아지는 오리지널 창작물이 아니라
     일시적 집합체일 뿐이었다."

42   제조업자 및 제작자 들은 지속적으로 상품의 예측가능성과 균질성을
     높이기 위해 노력한다. 산업 디자인과 건축도 제작자에게 제공되는
     정밀하고 완성된 도면에 의존한다. 제작이나 건설의 과정 중에 도면이
     변경되면 엄청난 추가 금액을 부담해야 한다. 하지만 많은 예술가와 일부
     디자이너 들은 모든 것이 너무 완벽한 사물에 싫증을 느낀다. 건설 중인
     건물처럼 과정 속에 있는 것들은 종종 완성품 자체보다 더 사실적이다.
     그러나 시적인 불규칙성과 가변성을 대량으로 생산하기는 어렵다.
     불규칙성에 반란을 꾀하는 또 다른 요소는 유클리드 기하학에 기반한
     디자인 모델의 보급이다. 대량생산의 영역에서 모든 것은 전형적으로
     완전한 직선, 원, 곡선, 사각형, 삼각형으로 구성된다. (이 엄격한
     기하학적 형태는 우연치 않게 디자인 업계의 아이콘, 즉 시각적 상징이

되었다.) 자연에서의 형상과 형태의 '법칙'은 더 다양하다. 수학자 브누아 망델브로Benoit B. Mandelbrot는 1982년 간행한 『자연의 프랙털 기하학The Fractal Geometry of Nature』에서 거칠고 뒤얽히고 가닥지고 주름진 것과 같은 불규칙적 형태와 질감을 수학적으로 설명하는 데 사용할 만한 또 다른 기하학에 대해 상세히 밝혀놓았다.

43 '우발적 사고'로 번역한 'accident'에는 사고와 우연이라는 뜻이 모두 담겨 있다. 그릇이 깨진 것은 하나의 '사고'이지만, 깨져서 금이 간 형태 자체는 '우연'의 산물이다. 지은이는 이 단어의 중의성을 염두에 둔 듯하다. ─ 옮긴이

44 와비사비는 어떤 원형적 개체들이 모든 범위에서 미적으로 기능할 수 있다는 관념인 '보편적 원형'의 사상과 상반된다. 와비사비의 관점에서 볼 때, 사람 간의 관계와 마찬가지로 규모가 변화하면 하나의 개체 안에 포함된 정보의 밀도도 변화한다. 수납장 디자인과 주택 설계에서 고려할 사항은 분명히 다르다. 그러나 일부 건축가는 건물이 마치 가구의 확대판에 불과하다는 듯이 건축설계를 다룬다.

45 다와라야료칸俵屋旅館은 300년 역사로 교토에서 가장 오래되고 유명한 료칸이다. 그곳에는 아름다움에 대한 신조가 있는데 이는 두 가지 확고한 와비사비적 원칙으로 요약된다. 첫째, 객실의 어떤 물건도 두드러지게 하지 않는다. 둘째, 오래된 것을 오래되었다는 이유로 존중하지 않는다. 새로운 것이 더 잘 어울린다면 그것을 사용하라.

46 '소박하다'로 번역한 'earthy'는 일반 형용사로는 문자 그대로 '흙의, 흙빛의'라는 뜻이지만, 색채 용어에서 earthy는 풍요롭고 따뜻하고 생동감 넘치는 '소박한' 대지의 색, 즉 모래, 흙, 숲, 바다, 하늘 등의 지연색이라는 보다 넓은 의미를 갖는다. ─ 옮긴이

47 『남방록』에 나오는 내용이다. 리큐는 이런 단순한 반복 행위를 부처의 가르침이자 다도의 징신, 수행의 방법이라 생각했고, 다도의 더 깊은 묘미와 정신은 자기 스스로 터득해야 한다고 강조했다. 깨달음이란 매일 밥 먹고 차 마시는 단순함에 깃든다는 '일상다반사'의 가르침과 상통한다. ─ 옮긴이

48 다인이 갖추어야 할 덕목을 시가로 표현한 『리큐햐쿠슈利休百首』에 다음과
   같은 구절이 있다. "가마 하나만 있으면 다회가 되는 것을, 많은 수의
   도구를 갖는 것은 어리석구나." "수많은 도구를 가지고 있으면서 애써
   감추며 없는 척 하는 사람은 어리석구나." 「다도교유·백수영茶道敎諭百首詠에
   나타난 다도정신 연구」(중앙대학교 임찬수, 조용란 공동논문). ─옮긴이

49 이는 『삼국사기』의 백제본기에 등장하는 표현으로 검소하지만 누추하지
   않고 화려하지만 사치스럽지 않다는 뜻의 '검이불루 화이불치儉而不陋
   華而不侈'를 상기시킨다. 지극히 중용적인 미적 가치다. ─옮긴이

50 원문의 'state of grace'는 '은총의 상태'로 번역하면 서구 기독교적
   숭고미가 느껴지며 이 책에서처럼 유현의 경지로 번역하면 도교,
   선불교적인 우아미가 느껴지는 표현이 된다. 이치를 알기 어려울 정도로
   깊고 그윽하며 미묘한 것을 뜻하는 '유현'은 특히 중세 일본 시문학의
   미적 이념으로 사용되었다. 유현과 일본 문예사상과의 관계는
   『신코킨와카슈와 불교문화』(김양희, 보고사, 2005)에 잘 나와 있다. ─옮긴이

51 지금까지 지은이가 설명한 '와비사비의 물질적 특성'은 다인이자 철학가인
   히사마쓰 신이치久松眞一가 『선과 미술禪と美術』(보쿠비샤, 1958)에서
   정리한 선의 아름다움의 특성인 불완전함, 간소함, 고고함, 자연, 유현,
   탈속, 고요함과 상당 부분 겹친다. 또한 노장사상의 특징과도 통한다.
   결국 미적인 양상에서의 도가사상, 선불교, 와비사비는 구현되는 영역이
   조금 다른 하나의 '도'로 이해할 수도 있을 것이다. 참고로 일본에서
   현대판 『다경』으로 평가 받는 『다도의 철학茶道の哲学』(히사마쓰 신이치 지음,
   김수인 옮김, 동국대학교출판부, 2011)이 국내에 소개되어 있다. ─옮긴이

사진 설명

10쪽 펑키한 와비사비. 도쿄 다이칸야마代官山에 있는
봄베이바자카페BOMBAY BAZAR와 오쿠라양장점OKURA의 외벽
상세 사진. 사용한 재료는 유목流木, 재생 시트, 파형 강판, 석고다.

18-19쪽 땅에서 분해되는 잎사귀.

20쪽 도색하지 않은 벽의 목재 판자 상세 사진.
제2차 세계대전 이후 1950년대에 도쿄에서 단독주택을
지을 때 흔히 사용한 건축자재다.

25,28쪽 도예가 미와 가즈히코三輪和彦의 세라믹 용기.
아트 디렉션·촬영 다나카 가쿠지田中学而.
아트 디렉션·디자인 미타니 이치로三谷一郎.

32쪽 철재 파이프와 철판 용접부의 잔여물.

38쪽 와비사비 다실의 원형이 된 농촌의 전통 오두막. 나가노현. 1993년.

45쪽 일본의 전통 다다미 방의 토벽 두 개가 만나는 모퉁이 사진.
전통적인 와비사비를 표현할 때 사용하는 전형적 이미지다.

48-49쪽 디자이너 구라마타 시로倉俣史朗, 1934-1991가 디자인한
금속망 재질의 의자. 모더니즘(산업 공정, 정밀도, 기하학 형태)과
와비사비(무와 비물질성의 감성, 탁한 색감, 부차적인 유용성)가
결합된 좋은 예다. 촬영 후지쓰카 미쓰마사藤塚光政.

54쪽 이름을 알 수 없는 식물의 상세 사진.
촬영 사카타 에이치로坂田栄一朗.
아트 디렉션 이노우에 쓰구야井上嗣也.
꼼데가르송COMME des GARÇONS.

56쪽 의도적으로 부식시켜 녹슨 철.
조각가 와키타 아이지로脇田愛次郎 작품의 상세 사진.
촬영 와키타 아이지로.

59쪽 길거리에 떨어져 분해되는 잎사귀.

60쪽 낡은 다림줄과 놋쇠 추의 상세 사진.

65쪽 도쿄 중심가 철거 건물에 남아 있던 벽 모퉁이 앞에
자연적으로 생겨난 정원. 촬영 이나코시 고이치稲越功一.

68쪽   도쿄에 있는 나무 한 그루. 와비사비는 그저 일정한 특성을 지닌
      본래 그대로의 자연이 아니다. 최소한 인간은 자연을 틀에
      넣기 위해 특징적 맥락을 부여하는 중재 역할을 맡을 수밖에 없다.
      촬영 이나코시 고이치.

70쪽   교토에 있는 와비사비 다실의 외부. 촬영 이나코시 고이치.

72쪽   라쿠 기치자에몬樂吉左衛門의 다완. 촬영 이나코시 고이치.

77쪽   꼼데가르송의 1982-1983 시즌에 나온 스웨터의 상세 사진.
      무작위로 구멍을 만들기 위해 프로그래밍된 직물기를
      사용한 것으로 추정된다. 촬영 피터 린드버그Peter Lindbergh.

78-79쪽 도쿄 마쓰야백화점松屋百貨店 지하 1층 식품관 모퉁이에 있는
      다섯 평 남짓한 다실 '차노하茶の葉'의 내부. 뒤쪽 벽은
      다양하게 변색되고 부식된 금속 모자이크로 되어 있다.
      오른쪽 아래 카운터는 모래 분사로 표면을 처리한 콘크리트며
      왼쪽은 목재다. 번잡한 상업 공간과는 달리 부드럽고 섬세하게
      이어진 이 다실에서 와비사비를 친근하게 접할 수 있다.

80쪽   오래 사용해 윤이 나는 폐목재로 만든 인도네시아식
      휴식용 소파 상세 사진. 독일인 디자이너 유르겐 렐Jurgen Lehl이
      1972년에 설립한 유르겐렐사Jurgen Lehl社 도쿄 사무실에 있는
      동남아시아식의 와비사비풍 가구.

83쪽   서아프리카 말리에 있는 토벽 상세 사진.
      촬영 신디 팔레르모Cindy Palermo. 잡지《하나쓰바키花椿》제공.

84쪽   납작한 전병과자에 들어 있는 작은 물고기. 해산물, 버섯
      그리고 갖가지 재료를 사용한 과자들은 일본의 거의 모든 백화점
      식품관에서 판매되고 있다. 이 식품관들이야말로 현대 일본인이
      생활 속에서 와비사비 공예품을 발견할 수 있는 장소일 것이다.

86쪽   말린 생선 세 마리.

89쪽   목재에 박힌 못에서 흘러나온 녹물 자국.

      별도 표기가 없는 사진은 모두 지은이가 직접 찍은 사진이다.

옮긴이의 글

레너드 코렌의 『와비사비』는 '예술가, 디자이너, 시인,
철학자를 위한'이라는 부제를 달고 있다. 하지만 다도나
미니멀라이프에 국한된 트렌드로서의 와비사비를 뛰어넘어
자기자신을 진지하게 바라보고, 자연과 맞닿은 단순한
삶을 신중하게愼, 홀로獨 실천하고자 하는 모든 이에게
열려 있는 책이다.

   와비사비는 일본의 전통적인 미적 사상이자 감성으로
잘 알려져 있다. 하지만 와비사비의 태동부터 발전에
이르는 과정 곳곳에는 언제나 우리 선조의 공예 및
정신 문화와 접점이 있었다. 영어판 『와비사비』에서는
그리 비중 있게 다루지 않은 이 부분을 '옮긴이 주'를 통해
부족하나마 제시해보았다. 이는 와비사비에 우리의 지분도
있다는 주장을 하기 위해서가 아니라 와비사비가 우리 안에
이미 가부좌하고 있는, 그래서 찬찬히 들여다보면
쉬이 되찾을 수 있는 우리의 심성이기도 하다는 견해를
독자들과 나누고 싶어서였다.

   주제가 주제이니만큼 나이토 유키코內藤ゆき子가 번역한

일본어판을 필수적으로 참고할 수밖에 없었다. 특히
유교, 불교, 도교 경전에 적을 두고 있는 한자 개념어를
찾는 과정에서 적지 않은 도움을 받았다. 지면으로나마
나이토 유키코에게 감사를 표한다.

　레너드 코렌의 이 얇은 책은 나에게 두터운 울림을
전해주었다. 동시에 디자이너 하라 켄야原研哉의 『백白』을
아껴가며 읽던 십 년 전의 순간을 다시 불러내주었다.
이런 경험에 기인해 한국어판 『와비사비』가 안그라픽스에서
나왔으면 좋겠다는 막연한 소망을 번역하는 내내 품었고
감사하게도 그 바람이 현실이 되었다. 의상대사의
법성계法性偈에 나오는 "일미진중함시방一微塵中含十方"이라는
구절처럼 작은 티끌 속에 담긴 온 우주를 깨우치게 하는
이 두 권의 책이 안그라픽스에서 나오게 된 것이 우연이라고
나는 결코 생각할 수 없다.

2019년 2월
소사헌素絲軒 에서